本杰明和塔西娅之冰雪历险记

【瑞士】卡琳·欧诺普/文

【瑞典】安妮卡·格林瓦尔特·斯菲逊/图

李云霞/译

中国农业出版社

·北京·

自从本杰明与塔西娅合住在农庄的地下室里之后，他们的日子过得有滋有味，非常惬意，从未感到过无聊。

冬天，他们会在储藏室里把肚子吃得圆鼓鼓的。

春天，他们会在高高的草丛中玩捉迷藏。

夏天，他们会一起坐在草地上欣赏头顶上的花蝴蝶。

秋天，他们会相伴着到森林里去采摘蘑菇。

不久前，本杰明和塔西娅结识了一位新邻居——老鼠先生弗朗茨，他的家就在农庄的旧工具棚里。弗朗茨最大的心愿就是能够在安顿好之后尽快结交新朋友。

深秋的某一天，农庄主人在花园里举办了一场大型的聚会，他为孩子们买来了五颜六色的气球。孩子们纷纷用细绳将气球固定在手中，各式各样的彩色气球随着孩子们的奔跑飘荡在花园里的每个角落，为整个农庄增添了不少生气。

有时，会有孩子一不小心松开手中的气球，气球便随着风缓缓上升……丢失气球的孩子只能失望地站在原地，看着原本属于自己的气球越飞越远。

有的气球在空中飘着飘着就缠在了高高的树枝上。弗朗茨见状便想把树枝上的气球取下来当作礼物送给本杰明和塔西娅。这样，他就可以和这两位邻居成为好朋友啦！

因此，当聚会结束后，弗朗茨便迅速爬上一棵大树，取下了一个漂亮的蓝气球。

第二天一早，弗朗茨便来到了本杰明和塔西娅的家中。本杰明非常喜欢弗朗茨手中的蓝气球，随风舞动的蓝气球看起来漂亮极了！

"这个是送给你的。"弗朗茨说着便将细绳缠到了本杰明的小手上。但是，本杰明的体重比弗朗茨轻多了，他刚一抓住蓝气球，便被它带着升到了空中。当本杰明还没有意识到究竟发生了什么时，他已经随着气球越飞越远了。

此时，正在打扫房间的塔西娅恰巧朝窗外望去，她看到本杰明的小脚正在风中摇曳。塔西娅不顾一切地向外跑去，跳起来想要抓住本杰明，她尽了自己最大的努力，可是一切都是徒劳。

她绝望地用小手捂着脸，伤心地哭了起来。

弗朗茨没有想到自己竟会好心办错事，心里愧疚极了。

很快，塔西娅便从悲伤中清醒过来。她擦干眼泪，大口大口地深呼吸，以便让自己尽快地平静下来。随后，塔西娅便开始制订拯救本杰明的对策。她认为，自己必须利用同样的方式去追本杰明。于是便和弗朗茨一起去寻找另一个气球。很快，他们便在一颗老橡树上找到了一个红气球。

塔西娅和弗朗茨吃力地爬到橡树的顶部。红气球上的细绳死死地缠在树枝上。塔西娅只好拼命地用自己锋利的牙齿啃咬细绳，才将它解了下来。塔西娅随即将细绳缠到了自己的小手上，然后随着气球飞走了。

塔西娅的冒险之旅就这样开始了。

弗朗茨站在原地担忧地望着越飞越高的塔西娅。

幸运的是，风向在这期间并没有改变。红气球带着塔西娅飞过村庄、树林、湖泊和麦田。塔西娅焦急地环顾四周，想要尽快找到本杰明。

本杰明随着他的蓝气球飞行了好久好久，他感觉自己都快睡着了，直到他的小脚被什么东西轻轻地刺痛了一下，他才发现，原来自己正飞过一片冷杉林，脚下的冷杉树尖正轻轻地拂过他的小脚。就在这时，一阵强风突然将他直直地吹向一面有裂缝的崖顶石壁……"啪"的一声，气球被尖尖的岩石刺破了，本杰明的小脑袋随之狠狠地撞到了岩石上——他这场被迫的旅行就这样结束了。本杰明只好无助地倒挂在峭壁上，被风吹得晃来晃去。

终于，塔西娅也飞到了这面峭壁附近，只可惜，风向竟在此时有了改变，她很快便与本杰明所在的岩石擦身而过。她大声呼喊本杰明的名字，然而，本杰明就像没有听到一样，一动也不动地悬挂在那里。

塔西娅意识到，自己必须立即采取措施，以免大风将自己越吹越远。她沿着手中的细绳迅速向上爬，直到自己可以摸到气球。塔西娅想，只要自己可以让气球慢慢地放气，就可以越飞越低，最终降落到岩石上。

于是，塔西娅开始用尖尖的牙齿尝试着在气球上咬出一个小洞——她的努力果然起了作用，随着"嘶"的一声响，塔西娅开始慢慢降落，直到安全着陆。

安全着陆之后，塔西娅立刻向蓝气球的方向跑去。一心想要解救本杰明的她并未发现潜伏在四周的危险——原来，一只苍鹰正虎视眈眈地在她头顶盘旋。突然，苍鹰一个急转身，向塔西娅俯冲过来，塔西娅这时才发现头顶上的敌人，她在最后关头急中生智，迅速地钻进了附近的一个洞穴里。

黑漆漆的洞穴里，塔西娅竟看到了一双发着光的眼睛！塔西娅害怕得不敢呼吸。

　　原来，这个救了塔西娅的洞穴早已有主人了！

　　这里的主人是一只小刺猬，他显然也被突然闯进来的塔西娅吓了一跳，小刺猬低声问道："你是谁？我认识这片森林里的每一只小老鼠，但我从未见过你呀！"

塔西娅很庆幸自己遇到的是一只小刺猬而不是一个会把自己吃掉的天敌！她激动地向小刺猬马诺叙述了自己的经历，马诺决定帮助眼前的这只小老鼠。

"听我说，我认识一只小松鼠，他就住在附近，他可是攀岩高手。有了他的帮助，我们一定可以救出你的朋友。"

塔西娅听后高兴极了，激动地跳过去抱住了马诺。

"哎哟！"塔西娅险些被马诺身上的刺伤到，触电一般地松开了双手。她刚刚太兴奋了，忘了马诺身上有尖尖的刺。

当马诺带着塔西娅来敲小松鼠的家门时，小松鼠正准备进入冬眠。当马诺向他讲述了塔西娅和本杰明的经历之后，他立即表示非常乐意帮助这对好朋友。于是，三个小伙伴立即动身向蓝气球的方向出发了。

到达峭壁之后，小松鼠十分灵敏地爬了上去。他利用气球上的细绳将本杰明小心翼翼地向下放，塔西娅和马诺在下面接着本杰明。三个小伙伴齐心协力，成功解救了本杰明！当塔西娅抱住本杰明时，幸福得都说不出话了。

三个小伙伴一起将昏迷不醒的本杰明抬到了马诺用来冬眠的洞穴。而且，马诺早在这里储藏了可以撑过整个冬天的食物。本杰明和塔西娅有足够多的坚果和浆果可以填饱肚子。安顿好一切之后，小松鼠便和大家告别了。

　　马诺也累得筋疲力尽，但是，当他看到本杰明还是非常虚弱时，便善良地邀请两只小老鼠在自己的家中再休养几日。

本杰明和塔西娅暂住马诺家期间，外面一直下着大雪。厚厚的积雪加大了两只小老鼠回家的难度——他们根本没办法徒步回家。但是，这可难不倒聪明的马诺，他用粗大的树枝制作出两副简易的滑板。现在，两只小老鼠可以滑雪回家啦！

　　而对于马诺来说，也该进入冬眠了。马诺蜷伏进自己事先准备好的树叶窝中，疲惫地睡着了。塔西娅和本杰明在外面用枯树叶封住了洞穴的入口，便踏上了归程。

本杰明和塔西娅在雪中滑行了好久，终于看到了小村庄的教堂塔楼。两只小老鼠知道，他们终于要到家啦！但是，他们眼前仍有一道难关需要攻破：他们必须先要渡过一条河。因为气温骤降，河面上形成了许多大块的浮冰。两只聪明的小老鼠当即决定将其中一块浮冰当作筏子，用自己的滑板充当船桨——终于，本杰明和塔西娅回到了心心念念的家中！

弗 朗茨看到两位邻居平平安安地回到家中，悬着的心终于可以放下了。同时，弗朗茨也为他们准备了一份惊喜：他不再是孤家寡人了！这期间，弗朗茨结识了一个新朋友——罗拉，他们俩现在幸福地合住在工具棚里。

外面的寒风还在不停地吹着，但是，本杰明和塔西娅的心中却无比温暖，因为，他们终于回到了舒适的家里。

这个冬天，两只小老鼠一起战胜了千难万险，但同时也有了许多奇妙的经历。

不是有这样一句话吗？与人分享自己的烦恼，痛苦将会减半，与人分享自己的快乐，幸福将会加倍！

Karin Norup 卡琳·欧诺普

　　1968年出生，长于巴塞尔。她目前和丈夫、女儿一起生活在瑞士的克里格斯特滕。她热爱生活和写作，创作了很多优秀的儿童故事，其笔下的小故事灵动有趣，让小读者爱不释手。

Annika Svensson　安妮卡·格林瓦尔特·斯菲逊

　　1972年出生，在瑞典的乌什胡尔特长大并在韦克舍学习了艺术。她是位自由艺术家，喜欢用油彩作画，并且喜欢描绘身处现实场景中的小动物的形象。她的作品让读者有身临其境的感觉，似乎真的在与画中的小动物嬉戏、对话。

冒险·智慧·温情

　　这些年，我读过的绘本不少，有国外引进的，也有国内原创的，主题丰富，形式各异。细细想来，还真的很少读到瑞典绘本创作者的作品。一提到瑞典，你会想到什么？海盗、冰冷还是林格伦的童话？在我的心目中，瑞典是一个充满奇幻和冒险精神的国度。果然，这套刚刚拿到手的"本杰明和塔西娅"系列绘本令我眼前一亮：奇幻的意境、冒险的故事、茂密的森林、皑皑的白雪，无不契合我对瑞典的诗意想象。

　　这套绘本的主题是幼儿友谊。友谊是幼儿同伴间主要的社会关系，是幼儿成长过程中心理健康发展的重要条件。随着年龄的增长，同伴对幼儿社会性的发展起到了越来越重要的作用，甚至超过了父母的影响作用。因此，让孩子学会交朋友、学会处理和同伴的关系，对每个家长来说都是一个至关重要的问题。事实上，真正重要的不是孩子有多少个朋友，而是他们至少拥有一两个经得起考验的"死党"。这是因为幼儿的友谊质量与他们的学校适应、孤独感、学校态度、学业成绩、攻击行为等有密切的联系。研究表明，没有好朋友的儿童显得更为孤独，好朋友可以成为低适应度儿童抵制孤独感的缓冲器。这套绘本中，两只小老鼠的友谊正是现实生活中幼儿交友的真实写照，我被绘本中曲折生动的情节深深吸引了，我相信幼儿看过之后会备感亲切。

　　这套绘本的文字量比较大，配图活泼鲜明，有着一波三折、跌宕起伏、引人入胜的故事情节，符合幼儿阅读的年龄特点，能够吸引幼儿的注意力，让幼儿不知不觉地走进故事情节中。而且从实际讲读效果来看，能够引起小读者浓厚的阅读兴趣。同时故事情境中设定的正面人物形象本杰明也会成为幼儿学习与模仿的榜样，对幼儿在现实生活中进行同伴交往起到一个良好的示范作用，如本杰明主动和塔西娅分享自己的房间，为了救助塔西娅，冒着生命危险与家猫作战……

　　这套绘本讲述了两只小老鼠本杰明和塔西娅从初次见面的"不打不相识"到彼此结下深厚友谊的故事。《本杰明和塔西娅之友谊炼成记》是这个系列的开篇，两只性格迥异的小老鼠在地下室中不期而遇，身为女孩的塔西娅强词夺理、略显霸道，身为男士的本杰明礼貌谦让、略感柔弱。但是正是这样一对欢喜"冤家"，却在危难时刻尽显真情。本杰明在塔西娅被家猫抓走时，奋不顾身地将小伙伴从猫嘴中营救了出来。两个小家伙由此化干戈为玉帛，成为了一对好朋友。更让人感动的是，受到惊吓的塔西娅因为"猫口脱险"事件导致心灵受到创伤，本杰明对好朋友不离不弃，充满爱心和耐心地呵护着塔西娅，为她疗伤，陪伴她渡过难关，恢复健康。

　　友爱都是相互的。在《本杰明和塔西娅之冰雪历险记》中，受到本杰明精心关爱的塔西娅为了营救身处危险中的本杰明展开了一场惊心动魄的援救行动。在这个故事中，我们看到了塔西娅的勇敢与智慧。她奋不顾身地追赶被蓝气球吹走的本杰明，她机智地咬破红气球靠近悬崖，她在身临绝境的时候懂得寻求他人的帮助，她由原来那个霸道自私的"小公主"成长为一个有勇气有担当的"女汉子"。这两只小老鼠经历千难万险，最终完美演绎作品"友爱互助"的价值内核。同时，围绕着这场紧张惊险的援救行动，热心的小刺猬马诺、攀岩高手小松鼠都慷慨伸出援手，展现出人与人之间的和谐与温馨。

　　我很欣赏绘本文字作者生动细腻的语言，她将人物的性格、曲折的情节、多变的环境描绘得淋漓尽致。我更佩服绘本图画作者充满震撼力的图画表现，运用油彩的创作技法，描绘身处现实场景中多姿多彩的小动物形象，用灵动的画面为读者营造出一种身临其境的直观感，具有强烈的动态与戏剧效果，巧妙地丰富了语言文字的意义空间。

　　冒险的故事，智慧的抉择，温情的流露都是吸引我们阅读这套绘本的理由。

姚颖 北京师范大学教育学部副教授

中国少儿阅读教育研究中心执行副主任

图书在版编目（CIP）数据

本杰明和塔西娅之冰雪历险记 /（瑞士）卡琳·欧诺
普文；（瑞典）安妮卡·格林瓦尔特·斯菲逊图；李云
霞译 .— 北京 : 中国农业出版社 , 2018.9
ISBN 978-7-109-24122-0

Ⅰ.①本… Ⅱ.①卡…②安…③李… Ⅲ.①儿童故
事－图画故事－瑞士－现代 Ⅳ.① I522.85

中国版本图书馆 CIP 数据核字 (2018) 第 088241 号

Published in its Original Edition with the title
Benjamins und Anastasias Abenteuer im Schnee, written by Karin Norup, illustrated by Annika Svensson
Copyright ã Baeschlin, Glarus 2016
This edition arranged by Himmer Winco
© for the Chinese edition: China Agriculture Press

Himmer Winco

本书中文简体字版由北京永固兴码文化传媒有限公司独家授予中国农业出版社。

著作权合同登记号：图字 01-2017-2615 号

中国农业出版社出版
（北京市朝阳区麦子店街18号楼）
（邮政编码 100125 ）
责任编辑　马英连　杜美玉

鸿博昊天科技有限公司印刷　　新华书店北京发行所发行
2018年9月第1版　　2018年9月北京第1次印刷

开本：635mm×965mm　1/16　印张：2
字数：96千字
定价：39.80元
（凡本版图书出现印刷、装订错误，请向出版社发行部调换）